La vida era complicada

Jennifer Degenhardt

Editor: Roxana García

Cover & Interior Artist: Eli Delac

For Aaron. The idea for this story, at least in part, was yours.

ÍNDICE

AGRADECIMIENTOS

I was so grateful to have met Roxana García at a visit to her school last fall. A dynamic Spanish teacher and person, she offered to edit this story. Roxana was also instrumental in mentioning that I was looking for a student artist to do the artwork for this same story to a former student of hers. *Gracias por toda la ayuda, amiga.*

Huge thanks to the student artista, Eli Delac, who is responsable for the cover and interior art. Eli was a dream to work with: talented, organized and responsible. And the art...amazing! Thank you, Eli!

Thank you, too, to Centreville High School in Virginia, who invited me to visit their school and where all these connections began.

Finally, thank you to Winston the dog for being such a cooperative model. Winston appears as himself on p. 26. Photo credit: Aaron Gerard.

Overview: Crisis in Venezuela

Venezuela is a country with large petroleum reserves. Unfortunately, these reserves have not been managed well by those in charge. Add to that the decrease in oil prices all over the world and the lack of investment by foreigners, and Venezuela has plunged into an economic crisis. The situation has become even more serious because the Venezuelan people are unable to afford living essentials such as food and medicine because of skyrocketing inflation. The lack of water and frequent blackouts have also been problematic.

As a result of these and other reasons such as exposure to diseases, millions of people have made the decision to flee the country. And those who have stayed behind have been forced to join the food queue (*la cola de esperanza*) for supplies. Though the people are able to receive aid distributions, they never know what or how much they will receive, or if they will be able to make them last.

The humanitarian crisis in the country has even caused people to take to the streets in protest, sometimes causing violent clashes with government forces. For everyone, the situation has provoked feelings of constant stress and heightened vigilance, which has negatively affected daily life in the country.

Capítulo 1
Samuel

Cuando era más joven, mi vida era complicada. Eso es lo que pasaba cuando tenía quince (15) años.

Eran las tres de la tarde y caminaba a la School of Rock. Era una escuela de música.

En aquel entonces, tocaba la guitarra.

Tenía que hacer mi tarea para la escuela regular. Tenía mucha tarea. Tenía mucha tarea para la clase de español en particular. Necesitaba escribir un texto para una de mis clases. El tema: la identidad. Mi identidad.

Tenía que responder a esta pregunta:

¿Quién eres?

Era una pregunta simple, pero la respuesta era complicada. Saqué mi teléfono para escribir en Google Docs. En ese momento no escribí un párrafo. Escribí frases simples. Esa noche iba a escribir más.

- Me llamo Samuel Medina.
- Soy hijo de Gustavo Medina Rodríguez y Liliana Martín de Rodríguez.
- Tengo quince (15) años.
- Hablo español y hablo inglés.
- Soy de Venezuela.
- Soy afrovenezolano.
- Me gusta la música.
- Me gusta la música salsa.
- Me gusta la música merengue también.

- No me gusta la música calipso.
- Me encanta la música *rock*.
- Toco la guitarra.
- Toco la guitarra en una banda de *rock*.
- No toco la guitarra en una banda de salsa.
- Vivo en Doral, Florida.
- Vivo con mi padre y mis abuelos.
- Mi padre se llama Gustavo.
- Mis abuelos se llaman Carola y Leonardo.
- Mis abuelos son los padres de mi padre.
- Ahora no tengo una madre.
- Ahora no tengo un hermano.
- Mi madre y mi hermano murieron en un accidente.
- No soy muy inteligente, soy un alumno normal.
- Me gusta la comida venezolana, especialmente la comida de mi abuela.
- Ella cocina pabellón criollo[1] y arepas[2].
- Tengo muchos amigos.
- Tengo dos amigos especiales.

---

[1] pabellón criollo: Venezuelan shredded steak served with black beans and tomatoes.
[2] arepas: corn pancakes.

- Eliana es una amiga especial.
- Ella es alumna de mi escuela.
- Baker es mi pana[3], un nuevo amigo.
- Es especial también.
- Es un amigo de la School of Rock.
- Baker es alumno de otra escuela.

No era todo, pero no escribí más. La información era correcta, pero era aburrida.

Leí las frases en la pantalla[4]. En la pantalla, mi vida era simple. En la realidad, era complicada.

---

[3] pana: colloquial word for «good friend» in Venezuela.
[4] pantalla: screen.

Capítulo 2
Gustavo

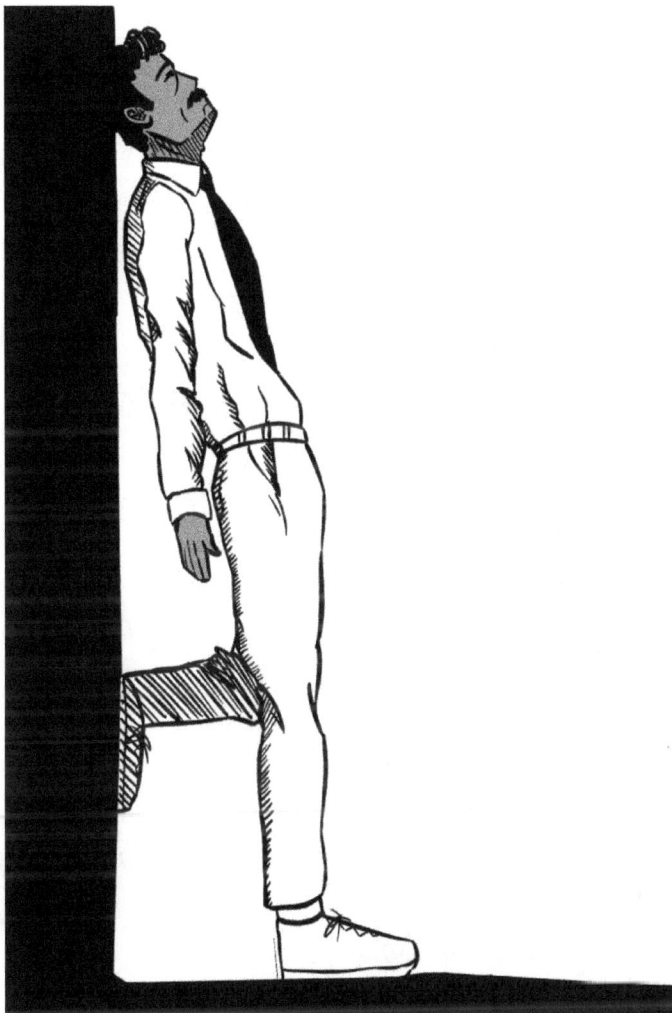

Hace diez años mi vida era un desastre.

Trabajaba en el hospital, pero no me gustaba. Quería otro trabajo.

Para un nuevo trabajo necesitaba escribir un texto sobre mi identidad. La pregunta era «¿Quién eres?».

Pensaba y escribí unas frases:

Yo soy Gustavo Samuel Medina.
Tengo 42 años.
Hablo español y un poco de inglés.
Soy de Venezuela.
Soy afrovenezolano.
Me gusta la música salsa y la música merengue.
No me gusta la música rock. Es horrible.
Vivo en Doral, Florida.
Vivo con mis padres y mi hijo.
Mi hijo se llama Samuel.
Mis padres se llaman Carola y Leonardo.
Soy padre, pero ahora no soy un buen padre.
Soy esposo.
No, no soy esposo.
Ahora no tengo a mi esposa.
Ahora no tengo a mi hijo.

Mi esposa y mi otro hijo, Pablo, murieron en un accidente.
Soy médico.
No, no soy médico.
Soy médico en Venezuela, pero aquí en los Estados Unidos no soy médico.
En los Estados Unidos trabajo en el hospital, pero no soy médico.

Pensaba en mi vida. Era un desastre. Pensaba mucho en mi esposa y en Pablo. Pensaba en mi vida en Venezuela. Era diferente de mi vida en aquel entonces. Mi vida en Venezuela era feliz. Mi vida cambió, era difícil cuando me mudé a los Estados Unidos. Tenía muchos problemas. No podía resolver mis problemas. Y tomaba mucho alcohol. Era horrible.

Capítulo 3
Leonardo

En esa época, mi vida era difícil.

Estaba en la cocina de mi casa. Mi esposa preparaba café para todos.

—¿Qué haces, Leonardo? —me preguntó Carola, mi esposa.

—Tengo que dar un discurso[5] y necesito prepararme —le dije.

—¿Cuándo es? —me preguntó Carola.

—El viernes —le dije.

—¿Qué necesitas escribir?

—Necesito escribir sobre mi vida —le expliqué.

—¡Oh! Tú tienes mucha información interesante —dijo mi esposa.

—Sí. Mucha información.

Era la verdad. Tenía una historia interesante. Escribí:

Yo soy Leonardo Medina Guzmán. Tengo 63 años. Hablo español e inglés. Soy afrovenezolano. Soy de Venezuela, pero ahora vivo en Doral, Florida, en los Estados Unidos. Vivo con mi esposa, uno de mis hijos y mi nieto, Samuel.

---

[5] dar un discurso: to give a speech.

Soy ingeniero[6]. Trabajo para la compañía Venezoil. Es una compañía de petróleo de los Estados Unidos. Soy un ingeniero importante para la compañía. Me gusta mi trabajo. Me gusta resolver problemas.

Pero había un problema que no podía resolver: el problema de mi hijo, Gustavo. Él tenía un problema con el alcohol. Tomaba mucho. Era un problema grande.

Otro problema grande era el problema de mi hija. Ella vivía en Caracas. Ella no tenía un problema como el de mi hijo, pero ella tenía problemas porque Venezuela tenía muchos problemas. Quería ayudar a mis hijos. Pero ¿cómo?

Mi vida era difícil.

---

[6] ingeniero: engineer.

Capítulo 4
Samuel

Un día fui a la School of Rock. —¡Hola, Sam!
—me dijo Baker cuando llegué a la School of
Rock.

Baker estaba con los otros en el grupo: Aaron, Joe y Anthony. Baker tocaba la batería[7], Aaron tocaba el bajo[8], y Joe y Anthony tocaban la guitarra. Baker tocaba el bajo también, pero no tocaba el bajo en el grupo de la School of Rock.

—Baker, hola. ¿Qué tal? —le dije

—Estoy bien. ¿Y tú?

—Más o menos —le dije.

—¿Qué pasa? —me preguntó Baker.

—Tengo más problemas con mi padre —le expliqué—. Y tengo mucha tarea.

Baker me comprendía bien. Él tenía mucha tarea de su escuela también.

—¿Qué problema tienes con tu padre? —me preguntó.

—Problemas, en plural. A mi padre no le gusta la música *rock*. Él dice que la música

---

[7] la batería: drums.
[8] bajo: bass.

rock es horrible. Y él toma mucho alcohol.

—¡Ay, no! ¿Es serio este problema con el alcohol? —me preguntó Baker.

—Sí, es serio. Mi padre toma alcohol todos los días. Y, cuando lo toma, es muy antipático.

—Ay, Sam. Es terrible. Lo siento, pero te comprendo —dijo Baker.

—Gracias, amigo. Pero ahora vamos a tocar mucha música *rock*, ¿no?

—Sí. Tocamos «Pretty Woman» primero. Te gusta la canción, ¿no?

«Pretty Woman» era una canción de Roy Orbison. La canción hablaba de una chica muy bonita. Cuando tocaba la canción pensaba en mi amiga Eliana. Era muy bonita, como la chica de la canción. Ella tenía ojos verdes y pelo largo. Me gustaba mucho Eliana.

Ese día toqué la guitarra y miré a Baker. Estaba super feliz cuando tocaba con Baker. Él comprendía mis problemas porque él tenía problemas en su familia también. Por eso[9], y por su sonrisa[10], me gustaba mucho Baker. Era muy especial.

Me gustaba Eliana y me gustaba Baker. Me gustaban los dos.

Mi vida era complicada.

*****

Esa noche escribí el texto para la clase de español.

Me llamo Samuel Medina. Tengo quince (15) años. Soy de Venezuela, pero ahora vivo en Doral, Florida. Hablo español y hablo inglés. Soy afrovenezolano. Tengo el pelo negro, piel[11] negra y ojos cafés. Soy hijo de Gustavo Medina Rodríguez y Liliana Martín de Rodríguez. Vivo con mi padre y mis abuelos. No vivo con mi madre y mi hermano. Ellos murieron en un accidente.

---

[9] por eso: for that.
[10] sonrisa: smile.
[11] piel: skin.

Mi padre se llama Gustavo. Mis abuelos se llaman Carola y Leonardo. Mis abuelos son los padres de mi padre. Vivimos en Florida porque mi abuelo trabaja para una compañía de petróleo aquí. Es ingeniero.

Me gusta la música. Me gusta la música salsa. La salsa es una música popular en Venezuela. Me gusta la música merengue también. No me gusta la música calipso. Pero también me gusta la música rock. Toco la guitarra. Toco la guitarra en una banda de rock. La música rock no es de Venezuela, pero me gusta.

Me gusta la comida venezolana, especialmente la comida de mi abuela. Ella cocina pabellón criollo y arepas. La comida es deliciosa. Pero también me gustan las hamburguesas y la pizza.

Tengo muchos amigos. Pero tengo dos amigos especiales. Baker es mi nuevo amigo. Es especial. Es un amigo de la School of Rock. Toco en la School of Rock con Baker. Baker es alumno de otra escuela, pero toca música conmigo en la School of Rock. Eliana es una amiga especial también. Ella es alumna de *mi escuela. Sí, me gustan los chicos y las chicas.*

Tengo dos idiomas.
Tengo dos culturas.
Tengo dos amigos especiales.

Mi vida es complicada.

Sí. Mi vida era MUY complicada.

Capítulo 5
Gustavo

Era mayo, pero hacía mucho calor. MUCHO calor. ¡Uf! Normalmente no hace calor en mayo en Florida. Normalmente hace calor en julio y en agosto.

En esos días no trabajaba en el hospital. Tenía un trabajo nuevo, pero era similar al trabajo en el hospital en Florida: era horrible.

Trabajaba en el aeropuerto internacional de Miami (MIA). Trabajaba afuera con las maletas. Yo llevaba las maletas a los aviones y de los aviones a las personas en el aeropuerto. Era un trabajo difícil. No me gustaba. No me gustaba porque era trabajo físico y no me gustaba porque no era mi trabajo en el hospital en Venezuela. Me gustaba ser médico.

—Ey, Gus —me dijo Rick—. ¿Vas a trabajar hoy o qué?

Rick trabajaba en el aeropuerto conmigo. Trabajaba mucho. Le gustaba su trabajo.

—Estoy trabajando. Estoy trabajando —le dije.

Estaba enojado. Estaba enojado con Rick y estaba enojado en general. No tenía a mi esposa. No tenía a mi hijo menor. Y no tenía mi profesión. Estaba enojado.

Ese día, decidí tomar alcohol en el trabajo. Tomé mucho. No pude hacer el trabajo. Era un problema. Y era otro problema para el jefe[12].

—¡Gustavo! ¿Cuál es tu problema? ¿Por qué no estás trabajando? —preguntó Martin—. Y... ¿qué es esto? ¿Hay alcohol en la botella?

No hablé. No hablé con Martin y no hablé con Rick. Pero Martin habló otra vez.

—Gustavo. Lo siento, pero no puedes trabajar en el aeropuerto. Tienes que irte a la casa.

*****

Llegué a la casa y estaba muy enojado.
Entré en la cocina. Mis padres y Samuel estaban a la mesa. Ellos estaban cenando y me miraron cuando entré. Grité a mi hijo y grité a mis padres.

—¿Por qué me miran? ¿Por qué? ¿Por QUÉ? —

---

[12] jefe: boss.

les dije.

Samuel no habló. Mis padres no hablaron.

Samuel terminó de comer y caminó a su dormitorio.

—¿Adónde vas? ¿Vas a tocar esa música horrible con tu amigo gay? Esa música es basura —grité otra vez.

—Gustavo, tienes un problema enorme con el alcohol. Necesitas ayuda. Necesitas entrar en un programa especial —me dijo mi padre.

—¡Yo no voy a ir a un programa especial! —le grité.

Mi padre no gritó.

—Gustavo, necesitas un programa y si tú no vas a un programa, no puedes vivir aquí —me dijo.

No hablé. No dije nada. Estaba muy triste. No tenía a mi esposa. No tenía a mi hijo Pablo y no iba a tener a Samuel ni[13] a mis padres.

---

[13] ni: not even.

Pensé un momento.

—Está bien, papá. Voy a ir —dije en voz baja[14].

---

[14] voz baja: soft voice; softly.

Capítulo 6
Leonardo

Un día fui con mi hijo al programa especial para su alcoholismo. Él iba a recibir ayuda por treinta días.

—Gustavo, ¿estás listo?

—Sí, papá. Gracias. Gracias por la ayuda.

—Está bien, hijo. Recibe la ayuda. Trabaja mucho —le dije.

—Sí, papá. Gracias.

Abracé a mi hijo.

—Suerte —le dije.

Gustavo caminó hacia la puerta del centro de rehabilitación y, en ese momento, mi hija llamó desde Caracas:

—Hola, papá. ¿Cómo estás?

—Hola, Celia. Todo bien aquí. Gustavo está en el programa ahora.

—Bien, papá. Eso es bueno.

—Sí. ¿Cómo estás, hija? —le pregunté.

—Estoy bien, pero los problemas aquí en Caracas están horribles. El gobierno no funciona bien. No hay comida y no hay medicinas. Y no hay electricidad. Es muy difícil —me dijo Celia.

—Ay, Celia. Es horrible. ¿Cómo está la familia? —le pregunté.

—Estamos bien, papá, pero no sé por cuánto tiempo —dijo mi hija—. La situación económica es muy difícil. El dinero que recibimos de nuestros trabajos no es suficiente. La inflación es increíble, como sabes —explicó Celia.

—Está bien. Voy a mandar dinero a tu cuenta[15] en el banco. ¿Es buena idea? —le pregunté a Celia.

—Sí, papá. Gracias. Gracias por la ayuda. Te amo. Saludos a mi mamá y a Samuel también. —Cuídate[16], Celia. Saludos a Ricardo y a Sara. Te amo.

Había muchos problemas en mi familia, sí. Pero había mucho amor también.

---

[15] cuenta: account.
[16] cuídate: take care of yourself.

Capítulo 7
Samuel

Después de la escuela un día, entré en la cocina con mi mochila de la escuela.

—Buenos días, abuelo. Buenos días, abuela. ¿Cómo están ustedes? —les dije.

—Buenos días, Samuel. ¿Todo bien? —me preguntó mi abuelo.

—Sí. Estoy bien. No estoy preocupado. Mi papá va a recibir la ayuda que necesita.

—Es verdad, Samuel. Va a recibir la ayuda —me dijo mi abuelo.

En ese momento, recibí un Snapchat de Baker. Era una foto divertida de su perro.

¡Ja, ja! Winston está listo para el show.

—¡Ja, ja! —dije.

—¿Qué pasa? —preguntó mi abuela.

—Nada. Es una foto del perro de mi amigo Baker. Mira.

A mi abuela le gustaba la foto también. Mi abuelo no vio la foto porque la foto desapareció[17].

—Baker es tu amigo de la School of Rock, ¿no? —preguntó mi abuelo—. Hablas mucho de él.

—Sí. Es un buen amigo —le dije.

—¿Es tu novio? —me preguntó mi abuela.

¡Ay! No sabía qué decir. ¿Era mi novio? Él me gustaba mucho...

—No sé, abuela. Me gusta mucho Baker. Pero no sé... —le expliqué.

—Está bien si es tu novio. Si a ti te gusta, a nosotros nos gusta también —me dijo mi abuelo.

---

[17] desapareció: it disappeared.

—Gracias, abuelo. Gracias abuela. Es difícil para mí. Soy gay, pero a mi papá no le gusta.

—Sí, Samuel, es difícil, pero no es imposible. Tu papá necesita ayuda. Va a ser diferente después. ¿Te gustaría invitar a Baker a comer con nosotros el domingo? Voy a preparar arepas de pernil[18] y carne mechada[19], maduros[20], ensalada y arroz con frijoles — dijo mi abuela.

—Sí, abuela. Me gustaría. Y luego Baker y yo podemos tocar música.

—Muy bien, Samuel. Vamos a comer a las dos —dijo mi abuela.

—Claro, abuela. ¡Siempre comemos a la misma hora!

Dije «adiós» a mis abuelos y caminé a la escuela. En el camino respondí a Baker, pero con un mensaje[21] de texto.

—¡La foto de Winston es muy cómica!

---

[18] pernil: pork.
[19] carne mechada: Venezuelan shredded beef.
[20] maduros: fried sweet plantains.
[21] mensaje: message.

¿Quieres comer con mis abuelos y conmigo el domingo? Luego podemos tocar música para practicar.

—*Me gustaría. Gracias por la invitación. Hasta la vista.*

—*Sí. Hasta luego.*

Llegué a la escuela cuando terminé la conversación con Baker. En ese momento vi a Eliana. Eliana. Tan bonita con su pelo largo y negro y los ojos verdes. Me dijo «hola» y me dio un beso.

—Hola, Samuel. ¿Cómo estás? —me preguntó.

—Hola, Eliana. Estoy bien, gracias —le dije.

Estaba bien. ¿Estaba bien? Les hablaba a mis abuelos sobre Baker, pero no les hablo de Eliana. Qué raro.

Capítulo 8
Gustavo

Tenía tres semanas de estar en el centro de rehabilitación. Era difícil. No quería tomar más alcohol, pero todavía estaba muy enojado. Quería estar en la casa con mi hijo y con mis padres. Pero ellos estaban enojados conmigo. No era buen padre. No era un buen hijo.

Estaba enojado cuando llegué a mi grupo una tarde.

—¿Quién quiere hablar primero? —preguntó el director del grupo.

Levanté la mano.

—Yo. Yo quiero hablar. No tengo a mi esposa. No tengo a mi hijo menor. No tengo mi profesión. Ya no soy médico. Y ahora no tengo trabajo. No estoy en mi país y tengo muchos problemas. Tengo problemas con mi familia. Tengo problemas con mis padres. Y mi hijo…, mi hijo es gay. Es un problema enorme.

Las otras personas del grupo no hablaron. Ellos me comprendían porque tenían problemas también. Pero esos eran MIS problemas. Y MIS problemas eran los problemas más grandes. No podía resolverlos. Mi vida era un desastre.

—Oye, Gustavo —me dijo Paul, el director del grupo—. ¿Estás bien?

¿Por qué me hablaba este idiota? Claro que no estaba bien. Estaba enojado. No quería hablar con él.

—¿Necesitas hablar más? ¿Quieres hablar de tus problemas conmigo? —me preguntó Paul.

—Uh, no. No quiero hablar contigo. No quiero hablar con nadie. Estoy enojado —le dije.

Paul no reaccionó mal. Paul era muy buena persona.

—Está bien, Gustavo. Luego puedes hablar conmigo en mi oficina —dijo Paul.

Debía responder con un «gracias» pero no quise. Fui a mi cuarto.

Llegué a mi cuarto y había una carta en la cama. Era una carta de mi padre. Recibía cartas de mis padres porque no podían visitarme.

Querido Gustavo:

¿Cómo estás? ¿Qué tal es tu programa? ¿Recibes la ayuda que necesitas?

Estamos bien en la casa. Voy al trabajo todos los días. En la compañía hay muchos problemas que necesito resolver. Tu madre trabaja en el jardín todos los días y prepara sus comidas.

Samuel está muy bien. Tu madre y yo ya conocemos a su novio, Baker. Es muy buen chico. Queremos conocer a Eliana. Eliana es una amiga especial de Samuel también. A Samuel le gusta mucho ella. Tu hijo es muy cariñoso. Ama a todos. Tiene un corazón enorme.

Tu hermana y su familia tienen muchos problemas. En Caracas la situación es muy difícil. No hay mucha comida y no hay servicios. Hay trabajos, pero en los trabajos no pagan mucho dinero. Muchas personas no tienen dinero. Hay muchas protestas también. Muchas personas mueren.

Pero nosotros estamos bien. Tú también. La

vida es muy buena.

Con un abrazo fuerte,

Tu papá

¿QUÉ? ¿Mi papá me escribió de los problemas de mi hermana? Ella tenía a su esposo. Ella tenía a su hija. Ella tenía su profesión. Los problemas que tenía mi hermana no eran problemas. Yo, yo era la persona con problemas.

No tenía a mi familia y el hijo que tenía..., ¡ay! A él le gustaban los chicos.

Horrible.

Mis problemas eran enormes.

Capítulo 9
Leonardo

Esa tarde llegué del trabajo y hablé con mi esposa.

—Hola, Leonardo. ¿Cómo estás? ¿Estás listo para tu presentación de esta noche? —Carola me dio un beso.

—Buenas tardes, Carola. Estoy bien —le dije y también le di un beso.

—Hay una carta de Gustavo. Está en la mesa

—me dijo mi esposa.

—¿Qué dice? —le pregunté.

—Está muy enojado —me dijo Carola.

En ese momento tomé la carta. Escuché a mi esposa. Ella hablaba por teléfono.

—¿Aló? —dijo mi esposa—. ¡Celia, hija! ¿Cómo estás?

Mi esposa y mi hija hablaban mucho. Yo abrí la carta y la leí:

Queridos mamá y papá:

El programa es difícil. Aprendo mucho, pero no me gusta.

Y no me gusta el problema con Samuel. ¿Por qué no tiene una novia como los muchachos normales? No acepto la situación.

Saludos,

Gustavo

¡Ay, Dios! Gustavo ya no bebía alcohol, pero todavía tenía problemas.

Mi esposa me llamó.

—Leonardo, Celia quiere hablar contigo.

—¡Voy! —le dije.

Hablé con mi hija por unos minutos. Ella me habló de los problemas que tenía su familia. Ella me dijo que había problemas porque el gobierno no cuidaba a las personas.

—Papá, es como siempre. Las personas ricas son más ricas y las personas pobres no tienen suficiente dinero. Las personas pobres no tienen nada. Estoy triste por la situación —me dijo Celia.

—¿Pero ustedes están bien? —le pregunté.

—Sí, papá. Gracias. Estamos bien. ¿Y cómo están Gustavo y Samuel?

Le hablé a Celia sobre las actividades de Samuel, pero no mencioné nada de Gustavo.

—Pues, hija, tengo mi presentación esta noche —le dije.

—Bueno, papá. Te amo. Y buena suerte esta noche.

—Gracias. Te amo también, Celia.

—Chao.

—Chao.

*****

Esa noche, llegué con mi esposa a la cena especial. Tenía que hablar de mi vida. La cena era en mi honor porque había trabajado para Venezoil por muchos años.

Después de una cena elegante, el maestro de ceremonias dijo unas palabras.

—Esta cena es en honor de un ingeniero muy inteligente y muy importante para esta compañía. Él nos resuelve muchos problemas y siempre está con una sonrisa. Favor de darle la bienvenida a Leonardo Medina Guzmán.

Recibí muchos aplausos de todas las personas en la cena.

En frente de todas las personas en el evento, empecé a hablar.

—Buenas noches. Gracias por este honor. Me llamo Leonardo Medina Guzmán. Por veinticinco años he trabajado[22] para la compañía Venezoil, una compañía de los Estados Unidos controlada por Petróleos de Venezuela S. A. (PDVSA). Me gusta ser ingeniero y me gusta representar bien a mi país en los Estados Unidos. Estoy orgulloso[23] de ser venezolano, pero en este momento no estoy orgulloso de mi país. El gobierno y los líderes del país no cuidan bien a las personas. Es una situación difícil y horrible para las personas que viven allí.

Hablé por quince minutos sobre los problemas que tiene Venezuela y los venezolanos. Terminé con mis comentarios y dije —Gracias. Gracias por este honor y gracias por escuchar mis palabras sobre la situación en Venezuela.

El presidente de Venezoil me dio una medalla

---

[22] he trabajado: I have worked
[23] orgulloso: proud.

y un diploma. Eran buenos, pero no iban a resolver los problemas que había en mi familia y en mi país.

Capítulo 10
Samuel

Pensaba mucho en la música cuando caminaba a la casa después de ir a la School of Rock. Practicamos por tres horas. Normalmente tocamos por dos horas, pero esa noche practicamos más. Había un *show* en unos días.

—¿Nos vemos este fin de semana, Sam? —me preguntó Baker al salir de la School of Rock.

Baker... Era muy feliz por tener un novio guapo y simpático.

—Mañana, sí. El domingo tengo planes —le dije.

—¿Planes? Eres un muchacho misterioso —me dijo.

—Ja, ja. No es misterio. Una amiga de la escuela y yo tenemos que hacer tarea —le expliqué a Baker.

—¿Ah? ¿Trabajas con Eliana? ¿La chica de la escuela? —preguntó Baker.

—Sí —le dije. Baker sabía de Eliana y Eliana sabía de Baker. Pero Baker no sabía que Eliana era mi novia y Eliana no sabía que Baker era mi novio. ¡Mi vida era MUY complicada!

Por fin llegué a la casa. La casa estaba tranquila. Mis abuelos estaban en la cena especial y mi papá estaba en el centro de rehabilitación. En la mesa de la cocina vi una nota de mi abuela:

Hay cena para ti en la nevera[24]. xoxo

Cerca de esta nota había un sobre con la dirección[25] del centro de rehabilitación. Lo abrí y leí estas palabras: «Y no me gusta el problema con Samuel. ¿Por qué no tiene una novia como los muchachos normales? No acepto la situación».

¿Qué? ¿Qué? ¿QUÉ?

Leí esa parte de la carta muchas veces. ¡No podía creerlo!

Inmediatamente me dio dolor de cabeza y dolor en el pecho. ¿Era mi corazón? No sabía. Pero sabía que no podía estar en la casa. Sin pensar en la cena que había en la nevera, salí de la casa con solo mi teléfono y mi cartera.

Era una situación horrible.

---

[24] nevera: refrigerator.
[25] dirección: address.

Capítulo 11
Leonardo

Carola y yo llegamos muy tarde de la cena. En la cocina, cerca de la mesa estaba la mochila de Samuel.

—Ay, este muchacho y sus cosas —dijo mi esposa.

Estábamos cansados y fuimos directamente a nuestro cuarto para dormir.

*****

—¡Leonardo! —me gritó Carola—. Leonardo, Samuel no está en la casa.

Era por la mañana. Me levanté de la cama. Me puse unos pantalones y una camisa.

—¿Qué dices, Carola? —le pregunté.

—Samuel no está aquí. Y no durmió en su cama —me dijo.

—Vamos a mandarle un mensaje de texto —le dije—. Tiene que estar con Baker o con la chica de la escuela.

—No sé, Leo. Le mandé un mensaje de texto. No me contestó. Siempre me contesta. Estoy preocupada. ¿Dónde está? —me preguntó Carola.

En ese momento vi la carta de Gustavo.

—Ay, Carola. Mira. Samuel la leyó —le dije con la carta en la mano.

¡Qué horror!

El teléfono de la casa sonó.

—¿Aló? —dije.

—Señor Medina. Le habla Baker. Hay un problema con Samuel —me dijo.

—Hola, Baker. Gracias por llamar. ¿Samuel está contigo? —le pregunté.

—No, señor. No sé dónde está —me dijo Baker.

—¿Y cómo sabes que hay un problema con él? —le pregunté.

—Anoche recibí un mensaje de texto. Samuel quería hablar conmigo en el parque, pero nunca llegó. Le mandé muchos mensajes, pero no me contestó.

—¡Ay, Dios! Vamos a buscarlo. Gracias por llamar.

—De nada. Y, señor Medina —dijo Baker—, ¿me puede llamar si sabe algo?
—Claro, Baker. Y otra vez, gracias.

Y entonces necesitábamos encontrar a nuestro nieto. ¿Dónde estaba?

Caminábamos al garaje cuando el teléfono de la casa sonó otra vez.

—¿Aló? —dije.

—Buenos días, señor Medina. Le habla Eliana. Hay un problema con Samuel.

—Sí, lo sé. Gracias por llamar. ¿Qué información tienes?

—Anoche recibí unos mensajes de texto. Samuel quería hablar, pero yo estaba ocupada. Después le mandé muchos mensajes, pero no me contestó.
—Baker dijo lo mismo[26]. Vamos a buscarlo. Gracias por llamar.

—De nada. Y, señor Medina —dijo Eliana—, ¿me puede llamar si sabe algo?

—Sí, Eliana. Gracias por llamar.

¿Dónde estaba Samuel?

---

[26] lo mismo: the same.

Capítulo 12
Samuel

¿Dónde estaba?

Abrí los ojos y no veía bien. Nada estaba

claro. Tenía dolor[27] de cabeza. Tenía dolores en todo mi cuerpo.

Las luces eran brillantes y fuertes. Cerré los ojos otra vez.

—Buenos días. ¿Cómo te llamas? ¿Sabes dónde estás? —me preguntó un hombre.

Abrí un ojo y vi que él tenía uniforme de enfermero.

—Hola —dije—. Me llamo Samuel. ¿Estoy en el hospital? —le pregunté.

—Sí. Estás en el Hospital Las Palmas, en Doral.

—¿Qué? ¿Qué pasó?

—¿Qué recuerdas? —me preguntó.

La verdad es que no recordaba nada.

—No recuerdo nada. ¿Qué pasó?

—Es normal perder la memoria. Te atacaron en el parque.

---

[27] dolor: pain.

Ay, por eso tenía dolor de cabeza y tenía dolor en el brazo. Pero ¿quiénes me atacaron?

—Necesitamos llamar a tus padres —me dijo el enfermero.

Mi padre. La carta. Por eso salí de la casa. El parque...

—¿Puede usted llamar a mi abuelo? Vivo con él.

No quería explicar por qué no vivía con mi papá ni que él no me aceptaba como era.

—Claro. ¿Tienes el número de teléfono?

—Sí, señor.

Le escribí el número de teléfono y cerré los ojos para dormir.

Capítulo 13
Gustavo

Estaba en la cama. Traté de escribir un texto nuevo para mi grupo de la tarde. En ese momento llegó el director del centro de rehabilitación.

—Gustavo, tienes que venir a la oficina.

—¿Por qué? —le pregunté.

—Necesito hablar contigo.

Cerré el cuaderno y caminé a la oficina. No tenía problemas allí, entonces...

—Gustavo, tu padre te llama.

Tomé el teléfono.

—¿Aló?

—Gustavo. Hay un problema. Samuel no durmió en la casa anoche. No sabemos dónde está. Llamé a Baker y a Eliana. Ellos no saben dónde está.

Ugh, Baker. Mi padre no tenía que mencionar a Baker. No me gustaba esa relación, pero era mi hijo...

—¿Qué puedo hacer, papá? —le pregunté.

—Nada. No puedes hacer nada. Solo quiero darte la información. Voy a llamar más tarde —me dijo mi papá—. Y tú, hijo, ¿cómo estás?

—Estoy bien. Pero ahora estoy preocupado —
le dije.

—Lo sé. Yo también. Hasta luego.

—Gracias, papá. Chao.

Caminé otra vez a mi cuarto. Pensaba en mi
hijo. Estaba preocupado. ¿Dónde estaba
Samuel?

Quería gritar.
Quería salir.
Quería buscarlo[28].
Quería abrazarlo[29].

Quería ..., en realidad quería llorar.
Entonces lloré. Lloré mucho.

---

[28] buscarlo: to look for him.
[29] abrazarlo: to hug him.

Capítulo 14
Leonardo

Mi esposa y yo pasamos la tarde en el carro.
Buscamos a Samuel. No sabíamos dónde

estaba y estábamos muy preocupados.

Fuimos al parque. También fuimos a la School of Rock, pero no estaba.

En ese momento mi teléfono sonó. Era Celia.

—Hola, papá. Te habla Celia —me dijo.

—Hola, hija. ¿Todo bien? —le pregunté.

—En realidad, no. Las protestas son horribles aquí. Hay violencia.

—Celia, no me gustan esas noticias. Pero ¿puedo llamarte después? Hay un problema aquí también.

—¡Ay, no! ¿Qué pasa? —me preguntó Celia.

—No sabemos dónde está Samuel —le dije.

—Ay, papá. Hablamos luego. Mucha suerte.
—Gracias, hija.

—Chao, papá.

En el carro mi esposa y yo continuamos buscando. Íbamos a la escuela cuando el teléfono sonó otra vez.

—¿Aló? —dije.

—¿Es el señor Medina? —dijo un señor.

—Sí —le dije.

—Señor Medina, trabajo en el Hospital Las Palmas. Su nieto Samuel está aquí.

—Ay, gracias a Dios. ¿Está bien Samuel? —le pregunté.

—Sí, señor. Está bien.

Fuimos directamente al hospital.

Capítulo 15
Gustavo

Eran las tres de la tarde. Estaba en un grupo especial en el centro de rehabilitación.

Teníamos que escribir sobre nuestras vidas.

Soy Gustavo. Ya no soy médico. Ya no soy esposo. Mi esposa y mi hijo murieron en un accidente. Estoy triste. Me gustaba mi vida en Venezuela antes del accidente. Me gustaba mi familia y me gustaban nuestras actividades.

Pero Venezuela ahora es diferente también. Hay muchas protestas y la gente tiene muchos problemas. No hay comida para todos. Mi hermana y su familia tienen muchos problemas. Es una situación horrible.

Ahora vivo con mis padres y mi otro hijo, Samuel. Samuel es diferente. A Samuel le gustan las chicas y los chicos. Es..., era un problema para mí. Ahora el problema es mi relación con Samuel. No quiero perderlo.

Después hablé con un amigo nuevo del grupo.

—¿Estás bien, Gustavo? —me preguntó Paul.

—No, hombre. Mi hijo Samuel no durmió en

casa anoche —le dije.

—Qué horrible, Gus.

—No voy a tomar más alcohol en mi vida, solo quiero ver a mi hijo.

—Suerte. Buena suerte, hermano.

Capítulo 16
Samuel

En el hospital estaba bien. Estaba seguro.
Entonces recordé los eventos de la noche
anterior.

—Vi a dos muchachos. Ellos me gritaron y me atacaron. Me llamaron «gay» y también palabras feas —le dije al enfermero.

—Ay, Samuel. ¡Aquí estás! —dijo mi abuelo.

Él entró en el cuarto con mi abuela. Ella me tomó la mano.

—Samuel, ¿cómo estás?, ¿estás bien? —me preguntó mi abuela. Ella estaba muy preocupada.

—Sí, abuela. Estoy bien. Unos muchachos me atacaron en el parque.

—Ay, no. Samuel, lo siento —dijo mi abuela—. Vamos a casa y yo te preparo pabellón criollo y arepas.

—Gracias, abuela —le dije con una sonrisa.

El doctor entró en el cuarto.

—Samuel está listo para ir a casa, pero primero tiene que hablar con la policía. La policía necesita información —dijo el doctor.

En ese momento Baker llegó al hospital.

—¡Sam! ¿Cómo estás? —preguntó Baker.

—Baker, ¿por qué estás aquí? Mi teléfono está mal...

—Tu abuelo me texteó —dijo Baker.

—¿Mi abuelo? —le pregunté y luego dije a mi abuelo—: Abuelo, ¿sabes textear?

—Samuel, soy una persona con muchos talentos —me dijo con una gran sonrisa.

—¡Ja, ja! —le dije.

Esperábamos unos minutos más. Hablé con la policía. Después de una hora todos nos fuimos a la casa.

Capítulo 17
Leonardo

En aquel entonces todo estaba bien en la casa. Samuel estaba mejor pero...

—Abuelo, ¿cuándo regresa mi papá? —me preguntó.

—Tu padre va a regresar a casa en una semana. ¿Estás bien?

—No sé. Estoy nervioso. A mi papá no le gusta...

Necesitaba hablar más con Samuel.

—Samuel, tu papá te ama mucho. Ahora piensa diferente.

—Todavía estoy nervioso.

—Lo sé, Samuel. Voy a hablar con tu papá hoy. Voy al centro de rehabilitación por la tarde. ¿Quieres ir? —le pregunté.

—Gracias, abuelo. Pero tengo planes con Eliana. Su mamá va a preparar empanadas y pastelitos, comidas cubanas, para el almuerzo. Voy a ver a mi papá en una semana.

—Está bien. Te veo esta noche.

*****

Fui en mi carro al centro de rehabilitación para ver a mi hijo. Gustavo estaba mejor, pero yo también estaba nervioso. Él no podía tomar más alcohol. Tenía una enfermedad[30]: el alcoholismo.

En el camino al centro, Celia me llamó por teléfono.

—Hola, papá. ¿Todo bien? —me preguntó.

—Hola, Celia. Sí, todo está bien. Voy a ver a Gustavo ahora.

—Y él, ¿cómo está? —me preguntó.

—Gustavo está bien. Está mejor. Pero va a tener esta enfermedad toda su vida.

—Ay, papá. Lo sé. Es muy difícil.

—Y ustedes, ¿cómo están? —le pregunté.

—Queremos ir a los Estados Unidos para vivir con ustedes, pero es difícil. Por ahora estamos bien. Nosotros tenemos dinero para comprar comida. Hay otras personas que no tienen dinero. Es difícil.

Pensé en mi país. Venezuela tenía mucho y tenía para todas las personas. Es triste ver

---

[30] una enfermedad: an illness.

todos los problemas que había en ese tiempo.

—Celia, vamos a resolver su problema. Ustedes van a venir a los Estados Unidos pronto.

—Gracias, papá. Te amo. Saludos a mi mamá.

—Te amo también. Adiós.

—Chao.

Llegué al centro de rehabilitación. Vi a Gustavo y hablé con él.

—Hijo, ¿cómo estás? —le pregunté.

—Papá, estoy muy bien. Gracias. Gracias por todo.

—Muy bien. ¿Estás mejor entonces?

—Papá, estoy super bien. No quiero tomar más alcohol —me dijo.

—¿Y la relación con Samuel? —le pregunté.

—Sí. Necesito resolver los problemas que tenemos.

Mi hijo ya era diferente. Usaba palabras

diferentes. No estaba enojado.

—Estoy muy feliz —le dije a Gustavo—. Tienes que ser un padre para Samuel.

—Lo sé, papá.

—Y necesitas aceptarlo tal como es —le dije.

—Lo sé. La verdad es que lo amo mucho.

Hablamos por una hora y regresé a la casa. Mi vida era difícil, pero estaba feliz.

Capítulo 18
Gustavo

Llegué a la casa un sábado por la tarde. Mi mamá estaba en la cocina. Ella preparaba mucha comida. Estaba muy feliz.

—Hola, Gustavo. ¿Cómo estás? ¿Tienes hambre? —me preguntó mi mamá. Ella siempre hablaba de comida.

Abracé a mi mamá.

—Gracias, mamá. Sí, tengo hambre —le dije.

Comí el hervido de gallina[31] y las arepas que preparó mi mamá y entonces hice una pregunta a mis padres.

—¿Dónde está Samuel?

—Sam tiene planes con Baker —me dijo mi papá.

—No, Leonardo. Tiene planes con Eliana —dijo mi mamá.
—No está en casa. Tiene planes. Siempre tiene planes —dijo mi papá.

Ay, mi hijo. Era muy sociable, más sociable que yo. Éramos muy diferentes, pero era mi hijo y lo amaba. Le escribí una nota:

---

[31] hervido de gallina: chicken soup.

Hola, Samuel:

Si tienes tiempo mañana, me gustaría pasar tiempo contigo. ¿En el parque? Podemos hablar.

Con cariño,
Papá

Capítulo 19
Samuel

Llegué tarde a la casa. No quería ver a mi papá todavía.

En la mesa había una nota. Mi papá me invitó a salir al día siguiente. Qué bien. La nota dijo:

Hola, Samuel:

Si tienes tiempo mañana, me gustaría pasar tiempo contigo. ¿En el parque? Podemos hablar.

Con cariño,
Papá

*****

En el camino al parque hablé mucho. Necesitaba explicarle a mi papá quién era.

—Papá, soy quien soy. Soy diferente. Me gustan las muchachas, pero también me gustan los muchachos. Es difícil para mí también. No comprendo por qué, pero así es[32].

—Samuel, no lo comprendo del todo, pero está bien. Te amo y quiero ser parte de tu vida. Muchachas, muchachos...

—Gracias, papá. Si tú quieres ser parte de mi vida, te invito al *show* el viernes en la School of Rock. Vamos a tocar muy bien.

---

[32] así es: that's the way it is.

—Ay, Samuel. Puedo aceptar a las muchachas y a los muchachos, pero ¿la música *rock*? No sé...

—¡Ja, ja, ja! Papá, va a ser un *show* excelente. Vas a ver.

Mi papá me abrazó. Él era diferente también.

Epílogo

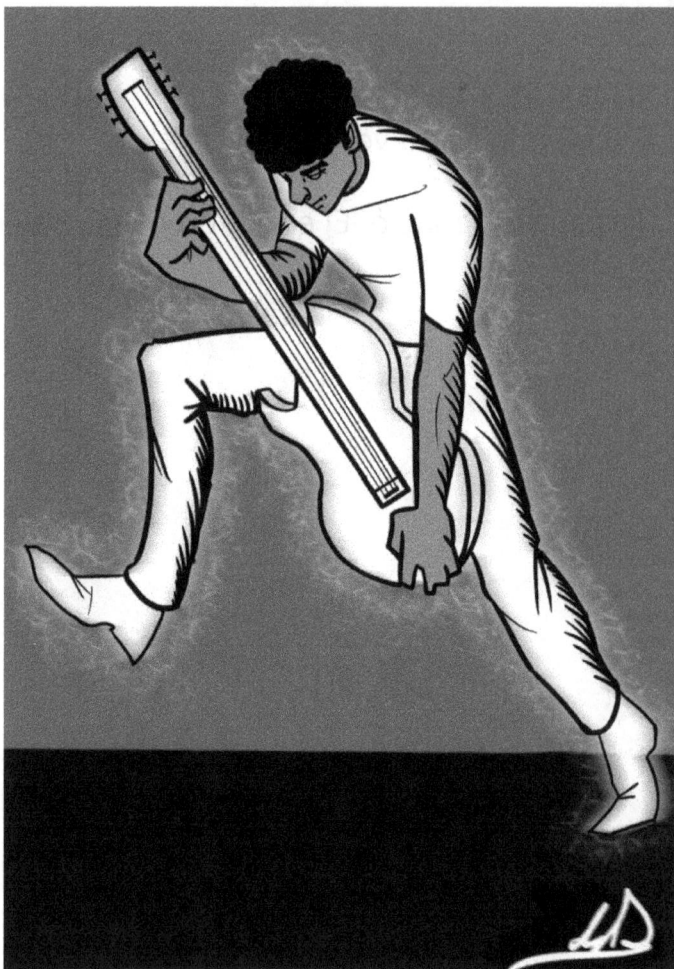

Un viernes, Gustavo y los abuelos de Samuel llegaron a la School of Rock para ver el *show*. Era un *show* para juntar dinero para las

personas en Venezuela. Allí veían a Samuel y a Baker listos para tocar. La banda tocó por una hora. La música era excelente. Era música de The Rolling Stones, Bon Jovi, Queen, Guns N' Roses y AC/DC.

A Gustavo no le gustó mucho la música, pero le gustó mucho ver y escuchar a su hijo. Samuel estaba super feliz y tocó la guitarra muy bien. Tenía un solo en la canción «Sweet Child of Mine» de Guns N' Roses. Tocó fenomenal.

Después de esa canción Samuel llegó al grupo de su papá y sus abuelos. Baker estaba con él.

—Papá, quiero presentarte a Baker. Baker, es mi papá.

Gustavo, con una sonrisa de verdad, le dio la mano[33] a Baker.

—Mucho gusto, Baker. Tocas muy bien —le dijo.

---

[33] da la mano: she/he shakes his hand.

Gustavo estaba muy orgulloso de su hijo. Samuel era una buena persona y un guitarrista excelente. Leonardo también estaba muy orgulloso de su hijo. Gustavo era completamente diferente. ¿Y Samuel? Él estaba super feliz en el grupo de sus abuelos, su papá y Baker.

En ese momento Samuel vio a Eliana. Se puso nervioso.

¿Qué?
¿Cómo?
¿Por qué?

—Hola, Samuel. El *show*..., ¡fenomenal! Me gusta mucho esa música —dijo Eliana.

—Uh, hola, Eliana. ¿Por qué estás aquí? —le preguntó Samuel.

—Tu abuela me invitó —dijo Eliana.

—Oh —dijo Samuel completamente nervioso —¡Qué bien! Gracias, abuela.

Samuel estaba MUY nervioso. No sabía qué hacer. Gustavo le ayudó.

—Samuel, ¿conoce Eliana a Baker?

—Uh, no, perdón. Eliana, es mi amigo Baker.
Baker, ella es mi amiga Eliana.

La situación era muy difícil. No era un
desastre, pero era muy complicada. 😨

GLOSARIO

The translations provided are specific to the context in which they are used in this book.

A

a - to, at
abraza - s/he hugs
abrazarlo - to hug him
abrazo - I hug, hug
abro - I open
abuela - grandmother
abuelo - grandfather
abuelos - grandparents
aburrida - boring
accidente - accident
acepta - s/he, it accepts
aceptar - to accept
aceptarlo - to accept him
acepto - I accept
actividades - activities
adios - goodbye
adónde - (to)where
aeropuerto - airport
afrovenezolano - Afro-Venezuelan
afuera - outside
agosto - August
ahora - now
al - to/at the

alcoholismo - alcoholism
algo - something
allí - there
almuerzo - lunch
alumna/o - student
aló - hello
ama - s/he loves
amiga/o(s) - friend(s)
amo - I love
amor - love
anoche - last night
años - years
antes - before
antipático - mean
aplausos - applause
aprendo - I learn
aquí - here
arepas - corn pancakes
arroz - rice
así - so
aviones - planes
ayuda - s/he helps, help
ayudar - to help

B

banco - bank
bajo - bass guitar

banda - band
basura – garbage
batería – drum kit
bebe - he/she drinks
beso - kiss
bien - well
bienvenida – welcome
bonita - pretty
botella - bottle
brazo - arm
brillantes - bright
buen/a/o(s) - good
buscamos - we look for
buscando - looking
buscarlo - to look for him

C
cabeza - head
café - coffee
cafés - brown
calipso – Calypso (type of music)
calor - heat
  hace calor – it's hot
cama - bed
camina - s/he walks
caminamos - we walk
camino - I walk
camisa - shirt
canción - song
cansados - tired

Caracas – capital of Venezuela
¡caray! – wow!, dang!
cariño - care
cariñoso - caring
carne – meat
carne mechada – Venezuelan shredded beef
carro - car
carta(s) - letter(s)
cartera - wallet
casa - house
cena - dinner
cenando – eating dinner
cenar – to eat dinner
centro - center, downtown
cerca - close
ceremonias – ceremonies
chao – 'bye
chica(s) – girl(s)
chico(s) – boy(s)
cierro – I close
claro – of course
clase(s) – class(es)
cocina – s/he cooks, kitchen
comemos - we eat
comentarios – comments
comer – to eat
cómica - funny

80

comida(s) - food, meal(s)
como - like, as
cómo - how
compañía - company
completamente - completely
complicada - complicated
comprar - to buy
comprende - s/he understands
comprenden - they understand
comprendo - I understand
con - with
conmigo - with me
conoce - s/he, it knows
conocemos - we know
conocer - to know
contesta - s/he answers
contigo - with you
continuamos - we continue
controlada - controlled
conversación - conversation
corazón - heart
correcta - correct
cosas - things
cuaderno - notebook

cuando - when
cuarto - room
cubanas - Cuban
cuál - which
cuándo - when
cuánto - how much, how many
cuenta - account
cuerpo - body
cuida - s/he, it takes care of
cuidan - they take care of
cuídate - take care
culturas - cultures

D
da - s/he, it gives
  da la mano - he shakes his hand
dar(le/te) - to give (to him, her/you)
de - of, from
debo - I must
decido - I decide
decir - to say, tell
del - of/from the
deliciosa - delicious
desaparece - it disappears
desastre - disaster
desde - from, since
después - after
días - days
dice - s/he, it says
dices - you say

diferente(s) - different
difícil - difficult
digo - I say
dinero - money
dios - god
dirección - address
directamente - directly
discurso - speech
divertida - fun
dolor(es) - pain(s)
domingo - Sunday
dónde - where
dormir - to sleep
dormitorio - bedroom
dos - two
doy - I give

E
e - and
económica - economical
el - the
él - he
electricidad - electricity
elegante - elegant
ella - she
ellos - they
empanadas - a Spanish or Latin American turnovers with different fillings

either baked or fried
empiezo - I begin
en - in, on
encanta - it is really pleasing to
encontrar - to find
enfermedad - illness
enfermero - nurse
enojado(s) - angry
enorme(s) - enormous
ensalada - salad
entonces - then
entra - s/he, it enters
entrar - to enter
entro - I enter
eres - you are
es - s/he, it is
esa/e/o - that
esas/os - those
escribe - s/he writes
escribir - to write
escribe - I write
escuchar - to listen to
escucho - I listen to
escuela - school
ese/o - that
español - Spanish
especial(es) - special
especialmente - especially
esperamos - we wait
esposa - wife
esposo - husband
esta - this

está - s/he, it is
Estados Unidos –
    United States
estamos - we are
están - they are
estás - you are
estar - to be
estas/os - these
este/o - this
estoy - I am
evento(s) - event(s)
excelente - excellent
explica - s/he, it
    explains
explicar(le) - to
    explain (to
    him/her)
explico - I explain

F
familia - family
(por) favor - please
feas - ugly
feliz - happy
fenomenal –
    phenomenal
fin - end
físico - physical
foto - photo
frases - sentences
(en) frente de - in
    front of
frijoles - beans
fuerte(s) - strong
funciona - it
    functions

G
garaje - garage
gente - people
gobierno –
    government
gracias - thank you
grande(s) - big
grita - s/he yells,
gritar - to yell
grito - I yell
grupo - group
guapo - handsome
guitarra - guitar
guitarrista - guitarist
gusta - it is pleasing
    to
gustan - they are
    pleasing to
gustaría - it would be
    pleasing to
(mucho) gusto - nice
    to meet you

H
habla - s/he speaks
hablamos - we speak
hablan - they speak
hablar - to speak
hablas - you speak
hablo - I speak
hace - s/he, it does,
    makes
hacer - to do, make
haces - you do, make
hacia - toward

hago - I do, make
hambre - hunger
hamburguesas - hamburgers
hasta - until
hay - there is, are
he trabajado - I have worked
hermana - sister
hermano - brother
hervido de gallina - chicken soup
hija - daughter
hijo - son
hijos - children
historia - history
hola - hello
hombre - man
hora(s) - hour(s)
hoy - today

I

identidad - identity
idiomas - languages
idiota - idiot
importante - important
imposible - impossible
increíble - incredible
inflación - inflation
información - information
ingeniero - engineer
inglés - English

inmediatamente - immediately
inteligente - intelligent
interesante - interesting
internacional - international
invita - s/he invites
invitación - invitation
invitar - to invite
invito - I invite
ir - to go
irte - to go away

J

jardín - garden
jefe - boss
julio - July
juntar - to collect, raise (money)

L

la(s) - the
largo - long
le - to, for him/her
les - to, for them
levanto - I get up
líderes - leaders
listo(s) - ready
llama - s/he, it calls
llaman - they call
llamar - to call
llamarte - to call you
llamas - you call

llamo - I call
llega - s/he arrives
llegamos - we arrive
llegan - they arrive
llego - I arrive
llevo - I carry
llorar - to cry
lloro - I cry
lo - him, it
los - the, them
luces - lights
luego - later

M

madre - mother
maestro - teacher
mal - badly
maletas - suitcases
mamá - mom
mandar(le) - to send (to him/her)
maduros - fried sweet plantains
mano - hand
más - more
mayo - May
mañana - tomorrow, morning
me - me, to/for me
medalla - medal
medicinas - medicines
médico - doctor
mejor - better
memoria - memory

mencionar – to mention
menciono - I mention
menor - younger
menos - less
mensaje(s) - messages
merengue - type of music that originated in the Dominican Republic
mesa - table
mi(s) - my
mí - me
minutos - minutes
mira - s/he looks at, watches
miran - they look at, watch
miro - I look at, watch
(lo) misma/o - same
misterio - mystery
misterioso - mysterious
mochila - backpack
momento - moment
mucha/o(s) - many, a lot
muchachas - girls
muchacho(s) - boy(s)
mueren - they die
música - music
muy - very

N

nada - nothing
nadie - no one
necesita - s/he, it needs
necesitamos – we need
necesitas - you need
necesito - I need
negra/o - black
nervioso - nervous
nevera - refrigerator
ni - neither, nor
nieto - grandson
noche(s) - night(s)
normal(es) - normal
normalmente - normally
nos - us, to/for us
nosotros - we
nota - note
noticias - news
novia - girlfriend
novio - boyfriend
nuestra/o(s) - our
nuevo - new
número - number
nunca - never

O

o - or
ocupada - busy
oficina - office
ojo(s) - eye(s)
orgulloso - proud

otra/o(s) - other
oye - s/he hears

P

pabellón criollo - Venezuelan shredded steak served with black beans and tomatoes
padre - father
padres - parents
pagan – they pay
palabras – words
pana - word for «good friend» in VZ
pantalla - screen
pantalones - pants
papá - dad
para - for
parque - park
párrafo – paragraph
parte - part
pasa - s/he spends (time), it happens
pasamos – we spend (time)
pasar - to spend (time)
país - country
pecho - chest
pelo - hair
pensar - to think
perder(lo) - to lose (him)

perdón - excuse me
pernil - pork
pero - but
perro - dog
persona(s) - person(s)
petróleo - oil
petróleos - petroleum
piel - skin
piensa - s/he, it thinks
pienso - I think
planes - plans
pobres - poor
poco - a little
podemos - we are able
policía - police
pongo - I put
por - for
porque - because
practicamos - we practice
practicar - to practice
pregunta - s/he asks, question
pregunto - I ask
preocupada/o(s) - worried
prepara - s/he prepares
preparar(me) - to prepare (myself)
preparo - I prepare
presentación - preparation

presentarte - to introduce you
presidente - president
primero - first
problema(s) - problem(s)
profesión - profession
programa - program
pronto - soon
protestas - protests
puede - s/he, it can
pueden - they can
puedes - you can
puedo - I can
puerta - door
pues - well, then

Q
que - that
qué - what
queremos - we want
querido(s) - dear
quien - who
quién(es) - who

quiere - s/he, it wants
quieres - you want
quiero - I want
quince - fifteen

R
raro - strange, odd

reacciona - s/he, it reacts
realidad - reality
recibe - s/he, it receives
recibes - you receive
recibimos - we receive
recibir - to receive
recibo - I receive
recuerdas - you remember
recuerdo - I remember
regresa - s/he, it returns
regresar - to return
regreso - I return
rehabilitación - rehabilitation
relación - relationship
representar - to represent
resolver(los) - to resolve (them)
responder - to respond
respondo - I respond
respuesta - answer
resuelve - s/he, it resolves
ricas - rich

S

sábado - Saturday
sabe - s/he knows
sabemos - we know
saben - they know
sabes - you know
saco - I take out
salgo - I leave
salir - to leave
saludos - greetings
sé - I know
seguro - sure
semana(s) - week(s)
ser - to be
serio - serious
servicios - services
señor - sir, mister
si - if
sí - yes
siempre - always
(lo) siento - I'm sorry
simple(s) - simple
simpático - nice
sin - without
situación - situation
sobre - about
solo - only
somos - we are
son - they are
sonrisa - smile
soy - I am
su(s) - his, her, their
suena - it rings
suerte - luck
suficiente - sufficient

superbien - really good
superfeliz - really happy

T

tal - so
talentos - talents
también - also
tan - so
tarde - late, afternoon
(buenas) tardes - good afternoon
tarea - homework
te - you, to/for you
teléfono - phone
tema - topic
tenemos - we have
tener - to have
tengo - I have
termina - s/he, it finishes
termino - I finish
textear - to text
texto - text
ti - you
tiempo - time
tiene - s/he, it has
tienen - they have
tienes - you have
toca - s/he plays
tocamos - we play
tocan - they play
tocar - to play
tocas - you play

toco - I play
toda/o(s) - all
todavía - still, yet
toma - s/he, it takes
tomar - to take
tomo - I take
trabaja - s/he works
trabajando - working
trabajar - to work
trabajas - you work
trabajo - I work
trabajos - jobs
tranquila - calm
trato - I try
treinta - thirty
tres - three
triste - sad
tu(s) - your
tú - you

U

un/a - a, an
unas/os - some
uniforme - uniform
uno - one
usa - s/he, it uses
usted - you formal
ustedes - you plural

V

va - s/he, it goes
vamos - we go
van - they go
vas - you go

ve - s/he, it sees
veces – times, instances
veinticinco - twenty-five
vemos - we see
ven - they see
venezolana/o(s) – Venezuelan
venir - to come
veo - I see
ver - to see
verdad - true, truth
verdes - green
vez - time, instance
vida - life
vidas - lives
viernes - Friday
violencia - violence
visitarme - to visit me
(hasta la) vista - see you later

vive - s/he lives
viven - they live
vivimos - we live
vivir - to live
vivo - I live
voy - I go
voz baja - soft voice, softly

Y
y - and
ya - already
yo - I

ABOUT THE AUTHOR

Jennifer Degenhardt taught high school Spanish for over 20 years and now teaches at the college level. At the time she realized her own high school students, many of whom had learning challenges, acquired language best through stories, so she began to write ones that she thought would appeal to them. She has been writing ever since.

Other titles by Jen Degenhardt:

Sancho en San Juan
La chica nueva | *La Nouvelle Fille* | The New Girl | *Das Neue Mädchen* | *La nuova ragazza*
La invitación \ *L'invitation* \ The Invitation | *L'invito* | *Die Eindalung*
Salida 8 | *Sortie no. 8* | Exit 8
Raíces
Chuchotenango | *La terre des chiens errants* | *La vita dei cani* | Dogland
Pesas | *Poids et haltères* | Weights and Dumbbells |*Pesi*
Moda personal | *Style personnel*

Como vuela la pelota
Cambios | *Changements* | <u>Changes</u>
De la oscuridad a la luz | <u>From Darkness into Light</u> |
Dal buio alla luce | *De la obscurité à la lumière* | *Aus
der Dunkelheit ins Licht*
El pueblo | <u>The Town</u> | *Le village*

 @<u>jendegenhardt9</u>

@PuentesLanguage
World LanguageTeaching Stories (Facebook group)

Visit <u>www.puenteslanguage.com</u> to sign up to receive
information on new releases and other events.

Check out all titles as ebooks with audio on
<u>www.digilangua.</u>co.

ABOUT THE ILLUSTRATOR

Eli Delac is a 16-year-old from Northern Virginia with a passion for illustration and art. Eli enjoys drawing, spending time with family and friends, and exercising. His passion for art drives him to pursue a career as a professional comic book artist after high school.

ABOUT THE EDITOR

My name is Roxana García, and I was born and raised in Bogotá, Colombia. With nearly 20 years of experience as an educator, I have had the privilege of teaching both English and Spanish. Currently, I teach Spanish at a high school in Centreville, VA.

I am happily married to Joe, and I have a wonderful daughter, Valeria. Our family is completed by two lovable dogs, Milo and Tara.

Throughout my life, I've had the opportunity to travel to various countries, immersing myself in diverse cultures and customs. These experiences have broadened my perspective and deepened my appreciation for the world's rich tapestry of traditions.

www.ingramcontent.com/pod-product-compliance
Lightning Source LLC
Chambersburg PA
CBHW060337050426
42449CB00011B/2780